ESCLAVO DEL SIGLO 21

Camino hacia la libertad financiera

ARITZ GÓMEZ LARROSA

DEDICATORIA

Dedico este libro a mi hija y a mi hijo, ellos han sido el impulso que me ha motivado a escribir y poder plasmar de alguna forma el deseo de querer ayudar a los demás.

A mis padres y a mi hermana, gracias. Gracias por darme las herramientas necesarias que han hecho que hoy pueda ser el hombre que quiero ser.

Y gracias en especial a mi mujer, que siempre ha estado a mi lado apoyándome de forma incondicional, ha confiado en mí y en todo lo que me he propuesto conseguir.

LIBRO

Éste libro se encuentra también en formato digital, si eres lector en dispositivos ebook u otros medios electrónicos en la WEB de AMAZON podrás adquirirlo.

También lo encontrarás tanto en papel como en digital en las distintas webs de AMAZON de múltiples países donde dicha empresa está implantada.

Éste libro se editó e imprimió tanto en digital como en papel en el año 2019.

1 PRÓLOGO:

Hace algunos años, después de dormir unas 6 horas, como cualquier otro día, me levanté temprano para ir a trabajar. Me di una ducha, desayuné, me vestí y salí con prisas para ir a coger el coche. Casi siempre había tráfico antes de llegar a mi puesto. Tenía un trabajo fijo, y conforme pasaban los meses y los años, cada vez me daba más rabia encontrarme con tanto coche parado.

Fue entonces, cuando la fila de automóviles era interminable un día más, que me vino a la mente como por arte de magia una idea que cambio mi vida para siempre. De repente, mientras sonaba en la radio una canción comercial que ni siquiera estaba escuchando, se encendió una lucecita en mi cabeza. Lo que en ese instante me pregunté fue, cuanto tiempo quería seguir con ese estilo de vida. Y no quiero que me malinterpretes, tenía una vida muy digna, una familia preciosa, buenos amigos, un trabajo con un sueldo por encima de la media (obviamente no un sueldo grande), siempre me había sentido muy querido y afortunadamente no me faltaba nada básico para vivir, incluso tenía más "extras" de los que cuando era pequeño soñaba con tener. Quizá demasiados... y para ser sincero de verdad, más de los que en realidad me podía permitir. Así que decidí que debía hacer un cambio en mi vida, me vinieron miles de pensamientos y emociones, estaba harto y enfadado, me di cuenta de que me habían engañado, que me habían enseñado desde pequeño a alcanzar un estilo de vida que suponía estar "atado" por todas partes. Anclado en un trabajo, trabajando para otros, dependiendo de un sueldo, que aunque no muy pequeño, podía esfumarse de la noche a la mañana. Lo que más me enfurecía era haberme creído que ese estilo de vida era algo maravilloso, que el trabajar muchísimo durante mucho tiempo me dignificaría. Y probablemente para muchos lo sea, es muy respetable y no lo critico en absoluto, pero para mí ya no era nada maravilloso, al contrario.

Me encontraba atrapado en un sistema del que no sabía cómo salir.

2 INTRODUCCIÓN:

Este libro está enfocado a optimizar nuestra economía particular y mejorar nuestra salud económica aplicando técnicas de finanzas personales. Está pensado para todo aquel que desee emprender el camino hacia la libertad financiera. Explica los inicios de forma clara y fácil y la manera de cómo empezar para alcanzar ese objetivo. Es una guía básica y muy práctica donde explico en tres pasos como encaminarte para llegar a lograrlo. Te lo resumiré muy brevemente para que te hagas una idea. Primero hay que eliminar todo tipo de deudas. Segundo hay que aplicar planes específicos de ahorro. Y tercero como invertir parte o la totalidad de esos ahorros para que den sus frutos.

Antes de entrar en materia quisiera matizar dos cosas; que significa libertad financiera a grandes rasgos y el sentido de esclavo al que me refiero en mi libro. Existen muchas definiciones y significados sobre la libertad financiera, pero bajo mi punto de vista, quien lo define y explica con muy buen criterio es Esmeralda Gómez López, una mujer inteligente y brillante en todos los sentidos a la que admiro profundamente y le estoy sumamente agradecido por todo lo que ha sabido aportarme. Cuando hablamos de libertad financiera, podemos definirlo como nuestro estado económico en el que no sería necesario trabajar para recibir ingresos. Un estado óptimo financieramente hablando a nivel particular, en el que puedes vivir sin preocuparte en ningún momento por el dinero. Eso significa que la libertad financiera de cada uno puede ser distinta a la de otros (siempre influirá lo que cada uno necesite para vivir). En resumen, se puede decir que eres libre financieramente cuando puedas dejar de trabajar definitivamente porque no te es necesario para vivir, ya que tus fuentes de ingresos son suficientes para cubrir todo cuanto necesitas.

Por otro lado, si vamos a buscar el significado de la palabra esclavo, nos encontraremos básicamente con tres definiciones.

•   La primera;   Persona que carece de libertad y derechos propios por estar sometida de manera absoluta a la voluntad y el dominio de otra persona que es su dueña y que puede comprarla o venderla como si fuera una mercancía. Pero no es esta definición a la que hago alusión en mi historia.

•   La segunda definición es aquella persona que está dominada por una pasión o por un vicio que necesita para vivir o para sentirse bien. Pero esta definición tampoco es a la que me refiero.

•   El tercer significado y este sí que es el motivo del título del libro es aquella persona que, por voluntad propia o por necesidad, está constantemente pendiente de un deber o una obligación, como por ejemplo, el trabajo.

Es aquí donde quiero hacer hincapié, somos esclavos de nuestros trabajos, nos han enseñado y programado para ello, nos han inculcado que hay que trabajar mucho y duro para llegar a tener más, pero nada más lejos de la realidad. La mayoría de la población está sometida a este sistema, y me incluyo. Estamos atados a un trabajo mal remunerado, sacrificando infinidad de horas y que nos obliga a dejar de lado nuestras conciliaciones familiares, nuestro tiempo de ocio y en definitiva de nuestra verdadera libertad.

Con esto no quiero que entiendas que no hay que trabajar para lograr nuestros objetivos, sí que hay que hacerlo y con mucho esmero y dedicación. Nos honrará como persona, nos aportara satisfacción y nos sentiremos orgullosos del resultado de nuestro esfuerzo. Pero eso no significa que tengamos que trabajar para otros a cualquier precio. Si así lo decides, bien, lo respeto y más porque yo en su momento también decidí hacerlo. Pero dije basta, empecé a trabajar para mí, además de mantener mi trabajo por cuenta ajena, y es así como inicié mi camino hacia la libertad financiera.

Mi deseo es poder ayudar a otras personas que de algún modo se han visto envueltas en la misma situación que yo, con ganas de cambiar hábitos tóxicos en su vida a nivel financiero y que influyen en todo el resto de su vida. O mucho mejor aún, para no llegar hasta donde yo caí y prevenir la situación. Eso sería lo ideal.

Quiero decirte que no estás solo y hay muchas posibilidades de poner remedio en caso de que te encuentres en una situación que quieras cambiar. Existen muchas técnicas con las que reducir tus deudas, ahorrar y generar ingresos. Si deseas mejorar tu vida, empieza por hacer esto, por mejorar tu salud financiera y te darás cuenta como todo el resto mejora progresivamente, créeme, lo he podido comprobar por mí mismo. Soy un hombre corriente en la sociedad en la que resido, modelo estándar si quieres llamarlo así. Tengo mujer e hijos. Tengo hipoteca, coche, préstamos, gastos comunes y demás... Pero lo que voy a explicarte es aplicable para cualquier persona, en cualquier situación, con independencia de su situación familiar, económica o social.

Te enseñaré como he llegado a cambiar mi situación financiera y como ello ha cambiado mi vida por completo a mejor, en todos los sentidos. Si te encuentras en una situación laboral precaria, no te gusta a lo que te dedicas y estás sumido en deudas, aquí encontrarás un guía de cómo cambiar eso, de cómo salir de ese bucle si realmente lo deseas. O por lo menos, solventar alguna de ellas. A mí me está funcionando. Soy una persona sencilla que proviene de una familia humilde, así que si yo he podido hacerlo, tú también puedes conseguirlo. Estoy totalmente convencido de que puedes porque yo lo he hecho y no soy mejor ni más listo que tú. Así que ahora convéncete y hazlo. Con el paso del tiempo verás que habrá sido una de las mejores decisiones que habrás tomado a lo largo de tu vida.

3 LA EDUCACIÓN FINANCIERA

No puedo hablar de educación financiera sin nombrar a Robert Kiyosaki, quién con su obra "Padre Rico, Padre Pobre" explica de forma clara lo que es y la importancia de la misma. Una de las definiciones, entre otras, de educación financiera es la siguiente: es la capacidad de entender cómo funciona el dinero en el mundo, como una persona lo obtiene (gana), lo administra, lo invierte y lo dona para ayudar a los demás. Más específicamente, la educación financiera se refiere al conjunto de habilidades y conocimientos que permiten a un individuo tomar decisiones informadas de todos sus recursos financieros.

Obviamente a todos y cada uno de nosotros nos ha influido nuestra educación, los colegios donde hemos estudiado, actividades que hemos realizado, el tipo de cultura a la que pertenecemos, posiblemente una enseñanza de carácter religioso, el entorno familiar y de amistades, en resumidas cuentas una socialización mayor o menor y en un entorno único y distinto para cada uno. Aun así, a grandes rasgos y en la mayoría de países desarrollados, la estructura educacional suele ser similar, vamos al colegio desde pequeños, se suele enlazar con estudios superiores y llegar a culminar nuestro aprendizaje hasta en la universidad, escogiendo una formación u otra dependiendo de lo que vayamos a querer dedicarnos en un futuro.

También es cierta que esta continuidad no siempre es seguida por todos, a veces por diferentes motivos, muchos no llegan a culminar sus estudios y mucho menos estudios superiores. Cosa que considero un error, no por seguir esas tendencias, sino porque la formación es básica para poder pensar y actuar por uno mismo. Sea del tipo que sea esa formación, no hace falta que sea necesariamente una formación académica tradicional. Pero si es un grandísimo pilar el formarse, sumamente esencial, ya sea en lo que nos guste y apasione como en lo que creamos que nos va a llevar a lograr nuestros mejores objetivos. Lamentablemente a la gran mayoría no nos han formado en educación financiera, vital para llevar una vida saludable a nivel económico.

Muchos podrían decirme que es muy fácil echarle la culpa al sistema, a la sociedad en general, a la familia, etc... Y tendrían mucha parte de razón, porque lo fácil es no asumir nuestros propios errores. Lo fácil es echar la culpa a los demás, al azar o la suerte y de ahí que llevemos la vida que llevamos. Pero déjame que te diga una cosa, realmente los únicos dueños de nuestras decisiones, de nuestras elecciones, nuestros aciertos y nuestros errores, somos nosotros mismos, sencillamente nosotros y nadie más que nosotros.

Tengo que confesar que hasta que no me di cuenta de esto y lo acepté, no empecé a avanzar. Así que decide por ti mismo, asume tus propias decisiones y se consecuente con ellas. No importa si aciertas o fallas, lo que importa es que decidas tú, solo tú, para tener realmente el control absoluto sobre tu vida de forma real. Es la única forma de ir hacia delante, prosperar y llegar a alcanzar tu propio objetivo. En mi caso, ese objetivo es llegar a lograr la libertad financiera en su plenitud. Ya te avanzo ahora que ha sido una de las mejores decisiones que he tomado nunca, eso sí con determinación y compromiso absoluto. Podría mentirte y decirte que es fácil, pero no es así, requiere esfuerzo y dedicación a diario, aunque vale muchísimo la pena, más de lo que puedas imaginarte.

Por mi parte no soy un gurú del dinero, ni un experto bróker, ni millonario. No he escrito libros famosos sobre cómo hacerse rico, como Napoleón Hill, Robert Kiyosaki ni otros grandes. Yo solo soy un humilde trabajador, de momento por cuenta ajena, que desea alcanzar la libertad financiera. Estoy en camino y voy a conseguirlo, así que si quieres tú también puedes. Solo tienes que reflexionar, piensa y hazlo.

Te invito a que apliques mi formula, la que me ha funcionado de verdad. La he denominado formula L. A. P. A. (Leer, Aprender, Pensar y Actuar). Aprende, fórmate e invierte en educación financiera, así de claro. Porque estarás invirtiendo en ti mismo, para mejorar tu vida y mejorar como persona. Además de estar invirtiendo para ti, en consecuencia lo estarás haciendo para tu familia y entorno. Nadie lo va a hacer en tu lugar, solo tú decides. Pero puedo asegurarte que si lo haces, no te arrepentirás jamás y te sentirás realizado y satisfecho por tu esfuerzo y por tus logros. Quiero que consigas tus objetivos económicos, que aprendas más sobre la importancia de una buena educación financiera. A que crezcas como persona en el ámbito de las finanzas, que en consecuencia te dará experiencia y no solo tendrás más dinero, sino que habrás madurado y evolucionado en todos los aspectos. El dinero importa, sí. Es cierto que no da la felicidad, pero si ayuda a alcanzarla. Me habían enseñado, a lo mejor igual que a ti, que el dinero no es importante, pero si lo es. No para obsesionarse ni convertirse en un agarrado empedernido porque eso no es felicidad, ni tampoco es rentable si no mueves e inviertes tu dinero. Lo que está claro es que ante cualquier situación que se nos presente, no tiene nada que ver afrontarla teniendo dinero, que no teniéndolo. Así que fórmate, invierte en educación financiera, no puedo decírtelo más claro.

4 MI PÉSIMA GESTIÓN ECONÓMICA

Quiero trasladarte mi experiencia, mi mala experiencia para prevenirte de lo que puede llegar a pasar si gestionas de mala manera tu economía. En el caso de que estés en un punto similar, deberás empezar desde cero como lo tuve que hacer yo. Si puedo decir algo a mi favor es que realicé una gestión económica pésima porque no me había educado financieramente. Es solo una parte de culpa, la otra parte fue mi mala cabeza y mis malos hábitos económicos. Espero que tú estés a tiempo, y si estás leyendo este libro ya es un gran paso, significa que ya has empezado a educarte financieramente. Enhorabuena!

Respecto a mis ingresos, los obtenía exclusivamente a través de mi trabajo. Por cuenta ajena, es decir trabajando para otro. Tengo que decir que tenía un sueldo decente y el horario no era nada escandaloso, así que mucha queja en ese aspecto no he podido tener. Me consideraba afortunado dado los tiempos que corrían. Aun así, mi única fuente de ingresos la gestionaba mal. Empezando por no ahorrar prácticamente nada, gravísimo error. Además de eso, al tener un contrato fijo, a nivel prestatario no tenía grandes obstáculos y las entidades bancarias me facilitaban y concedían préstamos. Con ello empecé a hacer lo que creía lógico, pedir dinero prestado para ir pagando cosas, como una hipoteca para la casa, un crédito para el coche, préstamos para muebles, financiando productos electrónicos, etc.. No lo hacía tampoco a lo loco, miraba que tipos de interés me cobraban y si tenía la oportunidad de que el interés fuese cero, lo aprovechaba. Pero con el tiempo, lo que al principio me parecía una idea fabulosa, acabó no siéndolo. Por otro lado, no me quedaba más remedio ya que creía que sino no podría tener grandes cosas. El caso es que después de acumular múltiples préstamos y créditos, que me iban concediendo sin problema, resultó que mi única fuente de ingresos, mi nómina, se quedaba súper justa cada mes que iba pagando todas las cuotas. Y ya poco me quedaba para el resto de cosas. Lo esencial para cubrir necesidades básicas pero cada vez me costaba más cubrirlas. Una gestión sumamente nefasta, si lo reconozco, pero fue haciéndose la cosa cada vez más grande y casi sin darme cuenta. Fue como progresivo y no me percataba del problema que estaba generando. Cuando tomé conciencia de ello, es cuando empecé a actuar de inmediato. No podía permitir, y tampoco quería, que mi mala gestión influyese en todo lo que suponía mi familia y entorno.

5 COMO ADQUIRÍ DEUDAS MALAS Y ME OLVIDÉ DE LAS BUENAS

Quiero aclarar antes de nada y de forma resumida, que significa deuda buena y que significa deuda mala. Básicamente se reduce a que la deuda mala va vaciando tus bolsillos, dejándote con menos dinero, y la deuda buena los llena y hace crecer tus ingresos.

Te pondré un ejemplo de deuda mala (cualquiera de las que he mencionado en el capítulo anterior serviría), el comprar un coche financiándolo. El comprar un coche, no solo supone un desembolso de capital, que en caso de que lo necesites y si no hay más remedio, hay que vivir y depende de nuestras necesidades, gastamos nuestro dinero de una forma u otra. Pero adquirir un vehículo financiándolo supone que cada mes debes pagar una cuota (esto vacía tus bolsillos). Y no solo eso, sino que en esa cuota van incluidos unos intereses, cosa que vacía aún más tus bolsillos. Sin mencionar que luego tiene costes de mantenimiento, la necesidad de alimentarlo con carburante e impuestos. Todo esto vacía tus bolsillos exponencialmente desde la adquisición del coche. Este tipo de deuda y toda aquella que se genera impulsivamente, debes evitarla a toda costa y no adquirirla jamás. La deuda mala es aquella que no te va a aportar ningún beneficio económico en un futuro. Suele acumularse en tarjetas de crédito, créditos rápidos, crédito para un viaje, para una celebración, algún aparato electrónico, etc... Suelen, la mayoría, cobrar unos intereses desproporcionados.

Y aprovecho para explicarte el "método revolving" que utilizan muchas tarjetas de crédito y que explica porque es tan nocivo el adquirir este tipo de deuda mala. La tarjeta revolving es aquella que te permite, dentro de tu límite establecido, el fraccionar lo que has comprado con ella. Suelen hacerlo de dos formas, o fijando una cuota fija a pagar cada mes para devolver poco a poco lo que has gastado, o fijando un tanto % de lo que debes (hay mínimos y máximos). El problema de este tipo de pagos es que conllevan unos tipos de intereses desorbitados, ya que cuando estás pagando tu cuota establecida, en realidad de esa cuota lo que estás pagando mayoritariamente son intereses, y no dinero que has adquirido en deuda al comprar con la tarjeta. Evita a toda costa adquirir este tipo de pagos, o si haces uso de ellos, elimínalos cuanto antes, vacían tus bolsillos a base de bien y además te alargan la deuda durante mucho tiempo sin darte cuenta.

Y yendo un paso más allá, quiero hacer mención al concepto de Robert Kiyosaki sobre "la carrera de la rata". Lo resumiré de forma breve, pero para que te hagas una idea, primero imagina al típico hámster que está subido en su rueda y que este cada vez tiene que ir más rápido para poder seguir en ella. Este concepto hace alusión al hecho de ir acumulando cada vez más deudas, desde que nos incorporamos al mundo laboral, solemos ir adquiriendo deudas para costearnos cosas como; un coche, comprar una casa, casarnos, pagar un viaje, comprar muebles, un ordenador, etc... Para ello, cada vez necesitamos trabajar más para poder hacer frente a todos los pagos y cuando nos queremos dar cuenta, ya estamos inmersos en una rueda donde estamos trabajando para hacer frente a las deudas, que cada vez son más grandes. Al final, trabajamos más para gastar más. Así que te aconsejo que no entres en "la carrera de la rata" y si lo estás, sal de ella lo antes posible o por lo menos, minimízala cuanto puedas.

Ahora vamos a lo que concierne la deuda buena. Este concepto era algo que yo no conocía. No me lo habían enseñado o por lo menos, tampoco me lo había planteado. La deuda buena, como ya he mencionado antes, es la que llena tus bolsillos de dinero. Y dirás, como puede ser posible eso si estoy adquiriendo una deuda. Muy sencillo, el caso está en utilizar esa deuda para invertirlo en algo que te generará más dinero, superior al propio adquirido por la deuda. Un ejemplo sencillo es una hipoteca para una vivienda. No para hacer un uso propio de ella, sino para alquilarla. El coste de la hipoteca mensual debe ser inferior a lo que te paguen por el alquiler. Es decir, si tienes una hipoteca de 600€ y la alquilas por 700€ o más, no solo estarán pagando la hipoteca por ti, sino que además te estará reportando 100€ extras. Consecuentemente estarás llenando tus bolsillos.

La deuda buena puede servir para adquirir activos que en un futuro se revaloricen. De esta manera te generará ingresos, que estos a su vez si los inviertes, te generaran aún más beneficios.

En general suele ser mejor no adquirir deudas de ningún tipo y hacer uso de nuestro propio dinero. Aunque si es cierto, que si adquirimos deuda buena para un beneficio mayor en un futuro, estaremos actuando bien, ya que no nos descapitalizaremos (poner dinero nuestro ahorrado) y estaremos obteniendo un rendimiento a esa deuda, a este tipo de acción se le denomina "apalancamiento", ya que utilizas dinero que no es tuyo para ayudarte a impulsar tu inversión. Pero en caso de que se haga, esta debe ser siempre deuda buena. Así evitaremos vernos envueltos en una situación nada deseada y muy destructiva para nuestra economía particular.

Conclusión, hay que eliminar todo tipo de deuda? A priori, sí. Y con más motivo si es deuda mala. Aunque en el caso de que se destine a una casa propia, no es mala opción ya que los intereses que suelen cobrar son bajos y el importe de hipoteca muy alto, dado que no se suele disponer de tanto capital. Siempre hay que valorar lo que nos supone y calcular como nos afecta.

Aquí lo he explicado y resumido muy rápido, pero tanto en libros específicos como en videos en internet, hablan de ello más detenidamente y te aconsejo que aprendas más sobre estos conceptos. Son más importantes de lo que parece y vale la pena dedicarle cierto tiempo. En mi caso, si hubiese sabido esto antes, es posible que hubiese evitado algunos de los problemas que llegué a adquirir.

6 LAS EMOCIONES Y EL DINERO

En el momento que tratamos las finanzas personales, estamos obligados a hacer mención de las emociones, ya que estas están directamente relacionadas. Cuando hablamos de dinero, no podemos obviar el hecho de que nuestra relación con él está intrínsecamente ligada a nuestros sentimientos. Y esto, es más importante de lo que aparentemente pueda parecer. Por eso he querido incorporar este apartado, para darte a conocer que nuestras emociones influyen totalmente en nuestra manera de gestionar el dinero y como nos sentimos al tratar con él. Y es que si nos fijamos bien, es constante el tratar con dinero el día a día, y prácticamente para todo. Es el instrumento de intercambio global, cuando queremos adquirir algo, la forma de obtenerlo suele ser mediante el dinero. En lo que se refiere al desarrollo personal, si queremos hacerlo en todos los aspectos debemos tener una relación sana con todo aquello que nos rodea. Y realmente si nos paramos a pensar, el dinero es algo que está en todas partes.

Nuestras emociones están totalmente relacionadas con nuestros hábitos de consumo y aprender cómo manejarlas respecto al dinero es vital para llegar a crecer como persona y tener una salud financiera óptima. Existen diferentes tipos de emociones frente al dinero, como el miedo, la vergüenza o la ira. Ya hay profesionales en el campo de las finanzas conductuales, son aquellos que combinan la psicología con la economía particular. Éstos intentan explicar el comportamiento de las personas cuando deciden destinar su dinero a una cosa u otra. Así que hay que estar siempre atentos a nuestras emociones cuando interactuamos con el dinero. Solo así lograremos conocernos mejor a nosotros mismos y gestionar nuestra economía de forma más consciente y adecuada. Si obviamos nuestros sentimientos respecto al dinero, probablemente acabemos frustrados, desilusionados y habiendo gestionado mal nuestras finanzas.

En general, la mayoría de las personas a la hora de estar vinculadas con el dinero suelen sentir emociones negativas, como miedo a perder su trabajo, no poder pagar facturas, si ven que alguien tiene más que ellos, si tienen que hacer un gasto grande, etc… Esto al final se traduce en frustración e ira, que acaba por hacer que nuestra relación con el dinero sea odiosa. Para conseguir tener una buena gestión de nuestras finanzas, primero debemos tener bajo control nuestras emociones y cambiar las sensaciones y pensamientos negativos. Para tener éxito en nuestra gestión económica hay que cambiar la mentalidad a un estado positivo hacia el dinero y luego le seguirán las acciones para hacer posible dicha gestión.

Una vez identificadas distintas emociones que sentimos cuando tratamos con el dinero, lo siguiente que hay que saber es que tipo de perfil tenemos a nivel emocional con él. Esto nos ayudará a reconducir nuestras acciones y así encauzarnos para llegar a obtener los resultados que buscamos a nivel económico. A grandes rasgos podemos señalar cuatro tipos de perfil o como algunos lo llaman, patrones financieros. Probablemente te sientas identificado con alguno de ellos.

• Negación ante el dinero: son aquellas personas que ven en el dinero la fuente de todo mal, piensan que el dinero solo trae problemas.

• El dinero es sinónimo de felicidad: son aquellas personas que creen que el dinero resolverá todos sus problemas y es lo único que les importa.

• El dinero refleja tu estatus social: son aquellas personas que buscan el reconocimiento de los demás a través de los bienes, cuantos más y más caros mejor.

• Controladores del dinero: son aquellas personas que prefieren no gastar (de forma excesiva) y acumular, tienen mucho miedo al gasto.

Y es que debemos entender, que el dinero por sí solo, no es ni bueno ni malo. El dinero no entiende de ética, no tiene opinión, ni siente ni padece...el dinero es solo dinero. Siempre va a depender del uso que le demos nosotros. En que lo destinemos y como lo destinemos es solo elección de cada uno.

7 COMO GESTIONAR MEJOR TUS INGRESOS

Quiero que aprendas a gestionar tus finanzas personales. Eso supondrá que tendrás más dinero y en consecuencia vivirás más tranquilo y mejor. Para encaminarte hacia la libertad financiera, antes debes gestionar de manera óptima tu economía particular. Lo primero que hay que hacer es eliminar todo tipo de deudas. Segundo, hay que planificar un ahorro sistemático. Y tercero, hay que invertir ese dinero o parte de ese dinero en fuentes de ingresos. Estos son los tres pasos básicos que debes seguir para que llegues a alcanzar tu libertad financiera. Los tres pueden enlazarse y solaparse entre ellos, es decir, que no forzosamente hay que aplicar uno detrás de otro. Me refiero que no hay que acabar con el primer paso para empezar el segundo, se puede estar eliminando deuda y ahorrar al mismo tiempo por ejemplo. Existe la denominada Ley de Parkinson, ésta viene a decir que "Los gastos aumentan hasta cubrir todos los ingresos", así se explica el por qué nunca sobra dinero a pesar de que los ingresos aumenten. Cuánto más ganamos, más gastamos. Contra más dinero generamos, más nos comprometemos (financieramente) y esto se traduce en que a final de cada mes, no ahorremos. Algo que debemos evitar a toda costa.

Como eliminar deuda:

Uno, empecemos por eliminar deudas. Eso en el caso de que las tengas, como me pasaba a mí, y siempre que sean deudas malas (como he explicado en el capítulo anterior). Existen diferentes formas de eliminar nuestras deudas, pero aquí te explicaré la que, según mi punto de vista, es la más efectiva con diferencia. Es fácil de aplicar, te motiva y reduce el tiempo del pago pendiente de deudas. Es el denominado método "efecto bola de nieve" y es aplicable para cualquier tipo de moneda. Lo primero que debes hacer es un listado de todas tus deudas, y remarco todas, hasta por pequeña que parezca. Pueden ser de tarjetas de crédito, dinero que debes a alguien particular, créditos personales, hipoteca, préstamos para un coche, para muebles, electrónica o lo que sea. Ese listado tienes que ordenarlo por importes, de menor a mayor, desde la deuda que tienes pendiente más pequeña hasta la deuda que debes de mayor importe.

Ejemplo: cuadro ordenar deudas

DEUDA	CUOTA MENSUAL	TOTAL PENDIENTE
Pago móvil	36 €	700 €
Tarjeta crédito	60 €	1200 €
Coche	300 €	14000 €
Hipoteca	900 €	210000 €

De menor a mayor

Importe pendiente

Una vez tengas ese listado y tengas tu deuda más

pequeña en primera posición, lo que tienes que hacer es centrarte en ella y liquidarla lo más rápido posible. ¿Cómo? Aportando un extra cada mes (sacándolo de la reducción de algún o algunos gastos prescindibles), por pequeño que te parezca. Es decir, pagas la cuota de la deuda y aportas una cantidad de dinero extra. De esta manera acelerarás la devolución de la misma. Te pondré un ejemplo. Si tienes una deuda total de 1000€, con una cuota mensual de 100€ (pongamos que a interés cero), estarías pagando durante 10 meses hasta liquidar la deuda. Ahora pongamos que cada mes aparte de los 100€ que pagas, añades 50€ extras. Te sale que en el mes 7 ya has acabado tu deuda y con un excedente de 50€.

Ejemplo: pago de deuda

PAGO CONVENCIONAL DE DEUDA			PAGO CON MÉTODO "EFECTO BOLA DE NIEVE"		
MES	CUOTA	PENDIENTE	MES	CUOTA	PENDIENTE
1	100 €	1000 €	1	100 € + 50 € (extra)	1000 €
2	100 €	900 €	2	100 € + 50 € (extra)	850 €
3	100 €	800 €	3	100 € + 50 € (extra)	700 €
4	100 €	700 €	4	100 € + 50 € (extra)	550 €
5	100 €	600 €	5	100 € + 50 € (extra)	400 €
6	100 €	500 €	6	100 € + 50 € (extra)	250 €
7	100 €	400 €	7	100 € + 50 € (extra)	100 €
8	100 €	300 €	8	Supone ahorro en tiempo y de intereses	-50 € (excedente)
9	100 €	200 €	9		
10	100 €	100 €	10		

Y ahora viene el quid de la cuestión, como ya has acabado tu primera deuda, pasas a la segunda de tu listado (la siguiente más pequeña) y a ésta, además de la cuota mensual que pagas, adelantaras cada mes el importe que pagabas por la primera deuda, es decir 150€. De ahí que se denomine "efecto bola de nieve", ya que cada vez se incrementa el importe que devuelves de cada deuda contraída, que a su vez reduce el tiempo de devolución. Y en consecuencia acabas pagando menos intereses y acelerando el proceso de pago. Quizá al principio cuesta algo de asimilar, por lo menos a mí me pasó. La ventaja es que hay muchos videos explicativos en internet que ayudan a entenderlo a la perfección. Te aconsejo que si te quedan dudas de cómo aplicar el método totalmente, recurras a consolidar la aplicación del mismo a través de esos videos.

Y dirás, como saco yo "extras" si ya me cuesta pagar todas mis deudas y pasar mes a mes. Pues te diré algunas de las cosas que yo me aplique para sacarlos. Te daré dos datos muy significativos con los que yo conseguí sacar algunos de mis "extras": uno fue cambiando de hábitos con la toma de café (algo que yo consumía en abundancia), cambié el consumo de café de cápsulas de una marca de renombre, por consumirlo en cafetera tradicional. Y es que por cada 3 cafés de cápsulas, el coste equivale aproximadamente a 30 cafés en cafetera tradicional. Por lo que con un café al día de cápsulas solo consumes 3 días, y con cafetera tradicional 30 días (un mes entero). Otro dato fue el comer fuera, a todos nos gusta salir y disfrutar de una comida o cena, pero la mayoría de veces no nos planteamos lo que eso supone. De una forma media, el coste que supone una comida fuera, equivale a comer siete comidas en casa. Quiere decir que por una comida fuera, puedes comer toda una semana en casa. Otra manera de sacar un extra que a mí me funcionó. En vez de salir cuatro días a comer fuera, salía tres.

Estos "extras" que menciono puedes obtenerlos también a través de ahorrar en los denominados "gastos hormiga", o micro gastos. Estos gastos suelen estar en nuestro día a día casi sin darnos cuenta, y es precisamente por su pequeño importe que nos pasan desapercibidos. De ahí que se vayan "comiendo" poquito a poco nuestro dinero. En realidad suponen en su totalidad una suma más significativa de lo que puedas pensar. Y te invito a que hagas conciencia de ello y dediques un tiempo a pensar y calcular que gasto te supone. Así podrás identificar que hábitos tienes y sacar ese "extra" para eliminar deuda (o ahorrar). Algunos de los "gastos hormiga" más comunes son: picar algún snack en el trabajo, comer fuera, tabaco, alcohol, suscripciones de pago, comisiones bancarias, cafés, apuestas, caramelos, revistas, helados, etc..

Los extras que puedas reducir ya dependen de ti, en función de tus hábitos, costumbres o incluso vicios que muchas veces hemos adquirido y no nos planteamos lo que puede llegar a costarnos. Llega a ser beneficioso y muy muy rentable el planteárselo y llegar a cambiar hábitos. Hay otras maneras de reducir costes para sacar "extras", a mi estas me fueron muy efectivas, aunque puedes también verificar consumos que tengas del hogar (como tarifas telefónicas, televisión de pago, facturas de luz y gas, seguros, etc...). Lo sumamente efectivo es combinar varias de ellas, así te supondrá menos esfuerzo o tu extra será de mayor cuantía.

Combínalos y estarás optimizando todavía más tu dinero y recursos.

Métodos de Ahorro:

Después de reducir y eliminar deuda, lo segundo que debes hacer es planificar un ahorro de forma periódica. Para ahorrar existen básicamente dos vías posibles; una es reducir gastos y la otra es obtener ingresos extras.

• La primera consiste en calcular donde puedes recortar de todos tus gastos para que te quede un excedente para el ahorro.

• La segunda se trata de encontrar alguna vía alternativa de ingresos, como un segundo trabajo o un trabajillo extra puntualmente.

El ahorrar, y disponer de dinero que hemos acumulado es primordial para poder afrontar muchas de las situaciones que suelen presentarse durante el transcurso de nuestra vida. Además, es una vía para poder invertir y hacer que esos ahorros, y en definitiva nuestro dinero, crezca cada día más. El ahorro es muy importante, no solo por ser una base para una futura inversión, sino que nos permite tener metas para adquirir algo que deseamos. También nos proporciona seguridad, que se traduce en tranquilidad. ¿Y cómo hacerlo? Muy sencillo, tienes que incorporar hábitos en tu vida, en tu día a día para lograr hacerlo de una forma inconsciente, ya que una vez tengas implantado el hábito, ya no te supondrá un esfuerzo, y los beneficios que te aportará el ahorrar serán grandiosos. Así que tienes que implantar de forma sistemática el ahorro.

Existen muchas formas y muchos métodos, así que para ponértelo fácil, te explicaré tres de ellos, los que considero más fáciles de aplicar y que mejor resultado dan. Tal como dice Robert Kiyosaki, págate a ti mismo primero. Esto significa, que si por ejemplo dispones de un trabajo con un pago de nómina mensual a través de tu entidad bancaria, una vez lo recibas, debes apartar una cantidad a otra cuenta. Para ello, tienes que fijar una cantidad concreta y dar la orden automática de que cada mes te retiren esa cantidad. La cantidad que suele recomendarse es entre un 10% y un 20% de lo que recibes. Aunque esto depende ya de cada uno y de su situación, así que te recomiendo que fijes una cantidad que puedas llegar a cumplir, sin que te suponga un sobre esfuerzo extremo. Es mejor empezar con un porcentaje pequeño e ir incrementándolo en la medida que veas que puedes llegar a asumir. Por ejemplo, si decides fijarte ahorrar un 10% y tu ingreso es de 1000€, una vez recibes la nómina, debes haber fijado de forma automática en tu banco un traspaso de 100€ a otra cuenta. Así que tu sueldo se convertirá en 900€, después ya pagarás todo lo restante, cuota de hipoteca o alquiler, cuota de coche, recibos, etc…pero lo primero es que de esa nómina, te habrás pagado una parte a ti mismo.   Este método es bastante fácil, ya que una vez lo has implantado, se hace de forma automática sin necesidad de volver a preocuparte.

Otro método de ahorro es el denominado método

de las 52 semanas.

Éste consiste en que cada semana del año (que son 52) ahorres la cantidad del número de semana en la que te encuentras, es decir; la primera semana tienes que ahorrar 1€, la segunda semana tienes que ahorrar 2€, la tercera semana tienes que ahorrar 3€ y así sucesivamente hasta llegar a la última semana del año que tienes que ahorrar 52€. Parece un método algo absurdo, pero es realmente sencillo y eficaz. Al final del año te encontrarás que habrás acumulado 1378€, una cifra más que significativa ya que lo más probable es que si no lo haces, esta cantidad te la habrás gastado en otras cosas sin ni siquiera darte cuenta.

Como último método de ahorro te explicaré la "ley de los tres tercios". Este concepto como tal proviene de los judíos, quienes tienen arraigado en su cultura y religión, y a quien enseñan desde pequeños la importancia de invertir y prosperar. Yo por mi parte te explicaré una adaptación que sirve para ahorrar e invertir a la vez. Se trata de que cualquier ingreso que recibas, este lo fracciones en tres partes, una parte para todos los gastos, una parte para ahorrar y otra parte para invertir. En función de la situación de cada uno, cada parte puede variar en su porcentaje. Una proporción que a mí me fue muy bien para empezar, y que te recomiendo que apliques, fue la 80/10/10. Es decir, de cada dinero que recibes, destinar el 80% a todos tus gastos (ejemplos: hipoteca, facturas, comida, ropa, etc..), un 10% directo para ahorrar en una cuenta aparte y así adquirir un fondo de previsión (esto significa tener un "colchón" por si en algún momento te encuentras con un imprevisto o gasto extra). El otro 10% restante destinarlo para invertir y que este dinero vaya creciendo cada vez más con una finalidad a medio-largo plazo (ejemplos: en fondos de inversión, un negocio, en bolsa, etc...).

Ejemplo: "Ley de los tres tercios" para empezar (80/10/10)

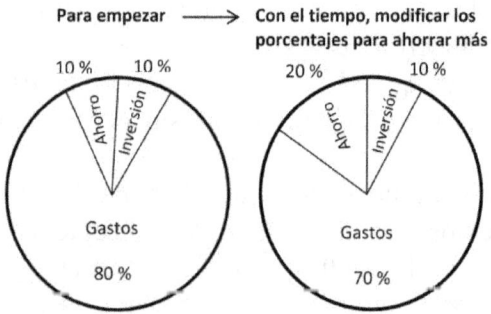

Dicha inversión, que trataré en el siguiente capítulo, en definitiva te encaminará a generar unos beneficios cada vez mayores y con el que podrás alcanzar tu libertad financiera. La proporción de la división en tres partes luego debe ir cambiando, en un 70/20/10 por ejemplo, y así incrementar algo más el ahorro y destinar menos a gastos. Una vez lleves tiempo aplicando esta fórmula y tengas unos ahorros considerables, te aconsejo que dejes de ahorrar y destines el porcentaje que ahorrabas para invertir. Si, deja de ahorrar y pasa a invertir. Para hacer esto, te recomiendo que lo que tengas ahorrado sea aproximadamente un tercio de tus ingresos anuales netos. Es decir que si cobras por ejemplo 20000€ al año, una vez tengas ahorrado 6500€, ya dejes de ahorrar y te enfoques con ese porcentaje a pasarlo a la inversión. De esta manera, cuando llegues a este punto tendrás un fondo de previsión (los 6500€ ahorrados), unos hábitos arraigados de planificación en tu economía, y la posibilidad de invertir para hacer crecer tu dinero cada vez más. En este punto tus porcentajes podrían iniciar del siguiente modo:

Ejemplo "Ley de los tres tercios" enfocado a INVERTIR

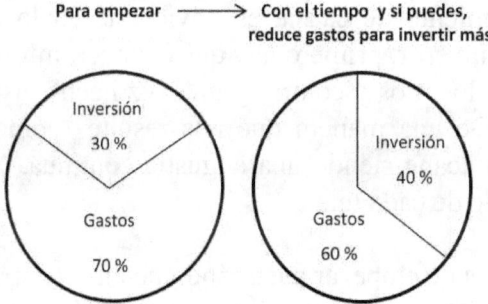

Inversión:

La inversión, ese punto desconocido para algunos pero más bien obviado por otros muchos en nuestra gestión económica particular. Y el principal motivo es el miedo, el miedo es el peor enemigo para la inversión, para hacer crecer nuestro dinero y en definitiva para llegar a ser libres a nivel financiero. Nos paraliza ante cualquier posibilidad de emprender y asumir un riesgo, con lo que nos quedamos tal y como estamos y no avanzamos. En parte se debe a como nos han educado bajo la filosofía del miedo ante el dinero, en vez de verlo como lo que es; una herramienta vehicular fundamental que nos permite adquirir y lograr lo que queremos. Y es que la inversión se basa en gran parte en querer asumir un cambio y hacernos salir de nuestra zona de confort. De ahí que muchos, se alejen por propia voluntad del hecho de invertir. Así que lo primero que hay que hacer es romper con ese miedo, asumir un riesgo siempre calculado, por pequeño que sea y arriesgar. Cuando me refiero a inversión no hablo de jugárnoslo todo sin conocimiento de causa, es obvio que en lo que se quiera invertir, primero hay que conocer, informarse, valorar los pros y contras y una vez hecho, asumirlo o no. De una manera que nos resulte "cómoda" y que no acabe siendo una angustia continua. Ya eso depende de cada uno.

Antes de empezar adentrándome en este apartado, quiero darte a conocer algunas terminologías que te ayudarán a entender como hay que invertir. Todos entendemos el significado de lo que son ingresos y de lo que son gastos. En general, los ingresos son los que llenan nuestro bolsillo de dinero y los gastos son los que los vacían.

Ahora bien, quiero centrarme en los ingresos (todo el dinero que recibimos) y es que estos podemos obtenerlos de dos formas; una es de forma activa (significa que recibimos un dinero por ejemplo de lo que trabajamos invirtiendo nuestro tiempo, ya sea trabajando por cuenta ajena o facturando por cada trabajo que realizamos, invirtiendo nuestro tiempo en cada uno), la otra forma es recibir los ingresos de forma pasiva. Y son en estos en los que quiero focalizarme, los ingresos pasivos (significa que recibimos dinero de forma automática, sin tener que hacer nada, por ejemplo el recibir una cantidad de dinero por el alquiler de un parking que tengamos, nosotros no hacemos nada y cada mes recibimos una cantidad de dinero).

Por otro lado están los gastos, podemos destinar el gasto de nuestro dinero en cosas que en un futuro no nos aporten nada (por ejemplo un teléfono móvil, lo compras y luego nunca te dará un beneficio) o por el contrario podemos gastar nuestro dinero en cosas que en un futuro nos generen dinero (por ejemplo comprar un local para luego alquilarlo). Esto concretamente es un tipo de inversión, gastar en algo que en el futuro nos genere dinero. Ese "gasto" inicial, será en un futuro un ingreso pasivo. En definitiva, una inversión. Lo que hoy mencionas como gasto, si es en algo que en el futuro te genera ingresos, en realidad se llama inversión.

El objetivo de la inversión que quiero que consigas es el de sacarle partido a tu dinero para darle más valor en un futuro. Ya sea incrementando tu economía o sacándole rendimiento a unos activos que adquieras. Los activos son en todo aquello en lo que has gastado (es decir invertido) que luego te generará dinero. Así que la secuencia es la siguiente: tu recibes ingresos, una parte lo gastas, es decir lo destinas en comprar activos y estos te generaran dinero de forma pasiva, con lo cual, habrás invertido y estarás ganando dinero.

Después de darte a conocer estos diferentes conceptos, vayamos al quid de la cuestión: dónde invertir. Bien, antes de hacerte esa pregunta, lo primero que debes saber es que tipo de "inversor" eres. Es decir, hay gente que es más arriesgada, otras menos, unas más conservadoras y otras más dispuestas a poder perder. Y si, y es que depende de que inversiones, se puede perder. La parte buena, es que nadie te obliga a nada y siempre vas a ser tú, y solo tú, quien decida finalmente sobre tu dinero y de cómo invertirlo. Insisto, aquí te mencionaré diferentes formas de invertir en activos que te generen ingresos de forma pasiva. Obviamente tú podrías generar ingresos de otra forma como adquiriendo un segundo trabajo, crear algo y venderlo, enseñar algo a alguien, todo aquello de lo que pudieses cobrar. Una forma de invertir es generar ingresos a partir de algo que sepas hacer. Es invertir en ti mismo. Haz de tu talento una fuente de ingreso. Seguro que hay algo que se te da bien hacer, algo que haces mejor que otros. Aprovéchalo y sácale partido, sácale un rendimiento económico.

Pero aquí te diré algunos de los métodos que yo puse en práctica para generar ingresos de forma pasiva. Para empezar, y con el simple objetivo de combatir la inflación (que a grandes rasgos significa que el dinero que tienes hoy, de aquí unos años, la misma cantidad valdrá menos porque el precio de las cosas será más elevado), tienes que mover tu dinero, si se queda estático perderá valor en el futuro. Debes colocarlo en algún sitio que te de beneficio a medio-largo plazo, como un producto bancario bien asesorado, invertir en bolsa, destinarlo a un negocio, comprar una propiedad, etc... (Siempre informándose a la perfección y teniendo muy claro que se está contratando o adquiriendo). Nunca he sido muy amante de los productos bancarios, ya que estos están pensados para dar beneficios a los bancos. Pero en cierta manera se pueden "utilizar" para rentabilizar algo tus ahorros.

Antes de seguir, te diré algo que parece obvio, no hace falta saber de todo. Lo importante es saber a quién encomendar la tarea que necesitas y que otro la haga por ti, sabiendo de antemano que la realizara con éxito porque domina el tema y se dedica a ello. Por algo existen las especialidades, los técnicos y las profesiones. Aprovéchalo y pide lo que necesites, en el momento que lo necesites. Es decir, cuando se te estropea el fregadero de la cocina, puedes intentar arreglarlo por ti mismo, si te ves capaz y tienes algunos conocimientos o puedes llamar a un fontanero para que lo solucione o te explique cómo resolverlo. Con el dinero pasa lo mismo, si en algún momento quieres invertir en bolsa por ejemplo, puedes hacerlo por tu cuenta o delegarlo en un especialista. También puedes formarte y hacerlo tú, está claro. Pero lo que quiero decir es que no es necesario ser especialista en todo, solo hay que saber y elegir bien donde buscar y a quien preguntar.

Dicho esto, otra forma de invertir es en comprar algún activo que te genere ingresos totalmente pasivos. Como mencionaba anteriormente, el hecho de adquirir un piso y ponerlo en alquiler (siempre que tu situación te lo permita y tengas otro lugar donde vivir), o una plaza de aparcamiento, o un trastero, un bien inmueble al fin y al cabo que puedas rentabilizar. Estos te generan unos ingresos de forma periódica sin necesidad de hacer tú nada activamente. Otra forma de inversión es en la creación de algún producto o servicio que no requiera de tu tiempo (o prácticamente no requiera de mucho de tu tiempo), es decir haces un esfuerzo inicial en crear algo (por ejemplo un libro, un curso online, un tutorial sobre algo concreto) y este una vez acabado, cuando lo comercialices (es decir lo vendas) pues ya empezará a generarte ingresos sin necesidad de invertir más tiempo, esfuerzo ni dinero (si se da el caso) en él. El ofrecer algún servicio si suele requerir más tiempo y un seguimiento, pero si puedes combinarlo con tu día a día, siempre será otra fuente de ingresos.

Y ahora que menciono las fuentes de ingresos, quiero remarcar un concepto que es diversificar. Este en términos de inversión se refiere a que repartas tu inversión en distintos ámbitos. Eso te conducirá a que no solo dispongas de una fuente de ingresos, sino a que tengas varias, sea cual sea su cuantía, lo importante es generar cuantos más beneficios de distintos activos, mejor. Así si alguna vez alguno falla o se queda más corto, quedará compensado con el que vaya mejor o funcione muy bien. No estaremos jugándonoslo todo a una carta, que siempre es más arriesgado.

En cuestión de invertir, no solo debemos pensar en el típico inversor de bolsa, que también es una vía, pero como ves hay otras muchas formas de "invertir" para generar ingresos. En definitiva, mueve tu dinero y este te vendrá incrementado. Porque el dinero parado, pierde valor siempre. Así que invierte, e invierte en ti y para ti. Porque una vez empieces, verás como todo vuelve y todos los esfuerzos que hayas concentrado se verán recompensados, te lo aseguro. Llegará el día en que empezarás a ver resultados (rentabilidad) y cuando eso pase, significará dos cosas, lo primero es que sabrás que vas por buen camino y lo segundo es que ya no podrás parar, habrás aprendido a invertir y no dejaras de hacerlo nunca más.

8 HACIA LA LIBERTAD FINANCIERA

Tengo que confesar que yo en particular, no conocí lo que era el concepto de libertad financiera hasta hace pocos años, ya en mi edad adulta. Lo peor de todo es que no se me había pasado ni por la cabeza, ni tan solo la idea. No me lo había ni planteado si quiera. Pero tampoco me lo habían enseñado, no había oído hablar de ello. Así que no podía haberme puesto esa meta, esa inspiración con un objetivo muy definido. Lo veo algo tan importante que creo que puede cambiar la vida de muchísima gente, no solo económicamente hablando, sino cambiar la forma y el estilo de vida que adoptamos. Porque sí, es una elección, está en nuestra mano elegir seguir un camino u otro. Nosotros elegimos que vida queremos llevar. Yo tomé esa dirección y tú, leyendo esto, también lo has hecho. Ahora ya no pares, no desistas y sigue por este sendero.

Para llegar a alcanzar la libertad financiera primero, y remarco primero, lo que debes hacer es invertir en educación financiera, no puedo decírtelo más claro. Lee, asiste a conferencias, haz cursos, mira videos, etc... Todo lo relacionado con educación financiera. Todo lo que pueda aportarte conocimientos sobre gestión de finanzas personales. El conocimiento te marcará el camino a seguir para alcanzar tu objetivo. Aprende, aprende y no dejes de aprender. Nunca vamos a poder saberlo todo, pero incluso cuando fallamos y nos equivocamos, aprendemos. No dejes de formarte nunca, porque cuanto más aprendes y ves que sabes, más te das cuenta de lo mucho que te queda por aprender.

La fórmula que debes aplicar para alcanzar la libertad financiera es adquirir cuantos más activos mejor, y que estos te generen una mayor cantidad de ingresos pasivos. Así que tienes que invertir. Acumula este tipo de activos hasta llegar a tu objetivo. Así, si lo deseas, podrás dejar de trabajar. O no... y trabajarás en algo que también te genere ingresos aunque sea de forma activa, pero podrás hacerlo sin preocuparte por la parte económica y dedicándote a lo que quieras y te guste. La clave es que podrás elegir y eso no tiene precio. El poder de elección, de forma auténticamente libre, ese es el premio que obtendrás. Algo inmenso es lo que lograrás, no solo a nivel económico, sino también a nivel personal.

Créeme, estés en la posición que estés, puedes optar por cambiar tu actitud y enfocarte en el mismo objetivo que yo me propuse. Quiero que después de leer este libro, no te quedes aquí, quiero que te encamines hacia tu propia libertad financiera.

Estés en el punto que estés, porque haciendo alusión a un proverbio chino, "el mejor momento para empezar a invertir fue hace 25 años, el siguiente mejor momento es ahora". Piensa que no pierdes nada y lo que puedes llegar a ganar es sumamente grande. Hazlo porque no te arrepentirás nunca de haberte encaminado hacia tu verdadera libertad. Encuentra una fuerte motivación, un objetivo concreto que alcanzar y tendrás éxito.

Aplica los pasos que menciono en esta guía, elimina deuda (si es que la tienes, sino te resultará mucho más fácil y rápido alcanzar tu objetivo), implanta un sistema de ahorro e invierte. Así harás crecer tu dinero, crecerás tú como persona y estarás camino de tu propia libertad financiera.

9 RESUMEN DE CONCEPTOS:

1. Libertad financiera: se puede definir como la capacidad de una persona de cubrir todas sus necesidades económicas sin necesidad de trabajar. Relacionado con la libertad financiera va ligado el término "ingresos pasivos" es la fuente de ingresos que no requiere realizar ninguna actividad para recibir dinero.

2. Educación financiera: es la capacidad de entender cómo funciona el dinero en el mundo, como una persona lo obtiene (gana), lo administra, lo invierte y lo dona para ayudar a los demás. Más específicamente, la educación financiera se refiere al conjunto de habilidades y conocimientos que permiten a un individuo tomar decisiones informadas de todos sus recursos financieros.

3. Deuda buena: es aquella que nos permite adquirir un activo que en el futuro aportará beneficios. Por ejemplo, el comprar una casa, el crear un negocio o en formación.

4. Deuda mala: es aquella que contraemos para adquirir bienes que normalmente no necesitamos o que no podemos permitirnos. Por ejemplo, hacer uso de tarjetas de crédito que utilizan el "método revolving" y que hace que la deuda sea interminable y con unos intereses enormes.

5. Gastos hormiga o micro gastos: son esos pequeños gastos en el día a día que van "comiéndose" nuestro dinero tan poco a poco que no nos damos cuenta, pero que en realidad nos supone un gasto considerable.

6. Efecto "Bola de nieve": es el método a aplicar para eliminar deuda que tenemos contraída de forma más rápida, que nos supondrá pagar menos intereses y tener más dinero cada mes.

7."La carrera de la rata": hace alusión al hecho de ir acumulando cada vez más deudas, para costearnos cosas como; un coche, comprar una casa, casarnos, pagar un viaje, comprar muebles, un ordenador, etc… Eso nos lleva a que necesitemos trabajar más para poder hacer frente a todos los pagos, que cada vez son más grandes.

8. Vínculo entre las emociones y el dinero: es un hecho que nuestras emociones van ligadas directamente con como manejamos el dinero. Nuestras emociones están totalmente relacionadas con nuestros hábitos de consumo y aprender cómo manejarlas respecto al dinero es vital para llegar a crecer como persona y tener una salud financiera óptima.

9. Métodos de ahorro: Uno, fijar una cantidad fija cada mes de nuestro ingreso y ahorrarla en una cuenta aparte. Dos, aplicar el método de las 52 semanas (ahorraremos cada año 1378€). Tres, aplicar la "ley de los tres tercios" que mejor se adapte a nuestra situación, por ejemplo empezar con 80/10/10.

10. Activos: son recursos con valor que debemos ir adquiriendo con la intención de que genere beneficios en el futuro.

11. Ingresos pasivos: es el recibir dinero de

forma automática, sin tener que hacer nada, por ejemplo el ingresar una cantidad de dinero cuando alquilamos un parking propio.

12. Importancia de invertir: solo invirtiendo lograras conseguir multiplicar tu dinero, y de ahí que puedas lograr alcanzar ser libre financieramente. Invierte en educación financiera, invierte en adquirir activos e invierte en ti.

13. La inflación: la inflación refleja la disminución del poder adquisitivo de la moneda, es decir que la misma cantidad de dinero hoy (por ejemplo 1000€), valdrá menos de aquí 5 años si no pones medios para que este crezca.

14. Rentabiliza tu tiempo: sácale partido a lo que sabes y a lo que sabes hacer para ganar dinero. Rentabiliza lo que sepas hacer para que te genere ingresos.

15. Ley de Parkinson: ésta viene a decir que "Los gastos aumentan hasta cubrir todos los ingresos", así se explica el por qué nunca sobra dinero a pesar de que los ingresos aumenten. Cuánto más ganamos, más gastamos.

16. Diversificar: Este en términos de inversión se refiere a que repartas tu inversión en distintos ámbitos. Eso te conducirá a que no solo dispongas de una fuente de ingresos, sino a que tengas varias, sea cual sea su cuantía, lo importante es generar cuantos más beneficios de distintos activos, mejor.

10 RECOMENDACIONES:

Si este libro te ha parecido interesante, útil y te ha ayudado, que espero que así sea ya que habré logrado mi objetivo, te invito a que leas los siguientes libros y así complementes lo aprendido aquí con más conocimientos. Son los siguientes:
- Padre Rico, Padre Pobre (Robert Kiyosaki)
- El Hombre más rico de Babilonia (George S. Clason)
- El Código del Dinero (Raimon Samsó)
- La llave a tu libertad financiera (Esmeralda Gómez López)
- Libertad Financiera en dos pasos (Agustin Grau)
- 30 Días, Cambia hábitos, cambia de vida (Marc Reklau)
- Ten peor coche que tu vecino (Luis Pita)
- El monje que vendió su Ferrari (Robin Sharma)
- El juego del Dinero (Tony Robbins)
- El Factor Suerte (Richard Wiseman)
- El inversor inteligente (Warren Buffet)

Hay muchos otros, pero si empiezas por aquí ya tendrás una buena base. Me ayudaron mucho a emprender el camino para llegar a ser libre financieramente. De hecho lo seré y será en parte gracias a todos ellos, entre otros muchos, incluido tú. Así que gracias.

ACERCA DEL AUTOR

Nací en Barcelona en 1985. Provengo de una familia humilde de clase trabajadora. Estudié hasta cursar el Bachillerato y además de formarme sobre Educación Financiera, trabajo por cuenta ajena.

Mi objetivo es alcanzar la libertad financiera y deseo ayudar a los demás a mejorar sus finanzas personales.

El haber adquirido múltiples conocimientos sobre la gestión económica particular y junto con mi experiencia personal, me ha llevado a aportar a los demás todo lo bueno que se puede tener con una salud económica sana.

Podrás saber más de mí en mi web de autor, te invito a que la conozcas, compartiré contigo diferentes links de interés, te recomendaré libros que te ayudarán y podrás hacerme cualquier consulta que desees: **www.lectiofinanzas.com**